Introducción a los padres

We Both Read es la primera serie de libros diseñada para invitar a padres e hijos a compartir la lectura de un cuento, por turnos y en voz alta. Esta "lectura compartida" —que se ha desarrollado en conjunto con especialistas en primeras lecturas— invita a los padres a leer los textos más complejos en la página de la izquierda. Luego, les toca a los niños leer las páginas de la derecha, que contienen textos más sencillos, escritos específicamente para primeros lectores.

Leer en voz alta es una de las actividades más importantes que los padres comparten con sus hijos para ayudarlos a desarrollar la lectura. Sin embargo, *We Both Read* no es solo leerle *a* un niño, sino que les permite a los padres leer *con* el niño. *We Both Read* es más poderoso y efectivo porque combina dos elementos claves del aprendizaje: "demostración" (el padre lee) y "aplicación" (el niño lee). El resultado no es solo que el niño aprende a leer más rápido, ¡sino que ambos disfrutan y se enriquecen con esta experiencia!

Sería más útil si usted lee el libro completo y en voz alta la primera vez, y luego invita a su niño a participar en una segunda lectura. En algunos libros, las palabras más difíciles se presentan por primera vez en **negritas** en el texto del padre. Señalar o conversar sobre estas palabras ayudará a su niño a familiarizarse con estas y a ampliar su vocabulario. También notará que el ícono "lee el padre" ⊚ precede el texto del padre y el ícono de "lee el niño" ⊚ precede el texto del niño.

Lo invitamos a compartir y a relacionarse con su niño mientras leen el libro juntos. Si su hijo tiene dificultad, usted puede mencionar algunas cosas que lo ayuden. "Decir cada sonido" es bueno, pero puede que esto no funcione con todas las palabras. Los niños pueden hallar pistas en las palabras del cuento, en el contexto de las oraciones e incluso de las imágenes. Algunos cuentos incluyen patrones y rimas que los ayudarán. También le podría ser útil a su niño tocar las palabras con su dedo mientras leen para conectar mejor el sonido de la voz con la palabra impresa.

¡Al compartir los libros de *We Both Read*, usted y su hijo vivirán juntos la fascinante aventura de la lectura! Es una manera divertida y fácil de animar y ayudar a su niño a leer —¡y una maravillosa manera de preparar a su niño para disfrutar de la lectura durante toda su vida!

Parent's Introduction

We Both Read is the first series of books designed to invite parents and children to share the reading of a story by taking turns reading aloud. This "shared reading" innovation, which was developed with reading education specialists, invites parents to read the more complex text and storyline on the left-hand pages. Then, children can be encouraged to read the right-hand pages, which feature less complex text and storyline, specifically written for the beginning reader.

Reading aloud is one of the most important activities parents can share with their child to assist in his or her reading development. However, *We Both Read* goes beyond reading to a child and allows parents to share the reading *with* a child. *We Both Read* is so powerful and effective because it combines two key elements in learning: "modeling" (the parent reads) and "doing" (the child reads). The result is not only faster reading development for the child, but a much more enjoyable and enriching experience for both!

You may find it helpful to read the entire book aloud yourself the first time, then invite your child to participate in the second reading. In some books, a few more difficult words will first be introduced in the parent's text, distinguished with **bold lettering**. Pointing out, and even discussing, these words will help familiarize your child with them and help to build your child's vocabulary. Also, note that a "talking parent" icon ☺ precedes the parent's text and a "talking child" icon ☺ precedes the child's text.

We encourage you to share and interact with your child as you read the book together. If your child is having difficulty, you might want to mention a few things to help him or her. "Sounding out" is good, but it will not work with all words. Children can pick up clues about the words they are reading from the story, the context of the sentence, or even the pictures. Some stories have rhyming patterns that might help. It might also help them to touch the words with their finger as they read, to better connect the voice sound and the printed word.

Sharing the *We Both Read* books together will engage you and your child in an interactive adventure in reading! It is a fun and easy way to encourage and help your child to read—and a wonderful way to start your child off on a lifetime of reading enjoyment!

Frank and the Balloon • *Sapi y el globo*

A We Both Read Book: Level K-1
Guided Reading: Level B

To my kids, Jesse, Chana, and Talya, the best kids a mom could have!
—D. R.
Mom-A-Roonie, thanks for your guidance and love.
—L. R.

Para mis hijos, Jesse, Chana y Tayla, ¡los mejores niños que una madre pudiera tener!
—D. R.
Mamita, gracias por tus consejos y tu amor.
—L. R.

Text Copyright ©2007 by Dev Ross
Illustrations Copyright ©2007 Larry Reinhart
Translation services provided by Cambridge BrickHouse, Inc.
Spanish translation © 2010 by Treasure Bay, Inc.

We Both Read® is a trademark of Treasure Bay, Inc.

Published by Treasure Bay, Inc.
P.O. Box 119
Novato, CA 94948 USA

Printed in Malaysia

Library of Congress Catalog Card Number: 2010932680

ISBN: 978-1-60115-042-4

Visit us online at:
www.WeBothRead.com

PR-11-19

WE BOTH READ®

Frank
and the Balloon
Sapi
y el globo

By Dev Ross
Translated by Yanitzia Canetti
Illustrated by Larry Reinhart

TREASURE BAY

Frank the frog likes to play. He likes to play with his best friend, Mikey the mouse. One day, he and Mikey were playing on . . .

Al sapo Sapi le gusta jugar. A él le gusta jugar con su mejor amigo, el ratón Rito. Un día, Rito y él fueron a jugar en el . . .

. . . the swing.

. . . columpio.

Mikey didn't want to swing too high. Swinging too high made him feel afraid, but not Frank. Frank wanted to swing up as high as he could. He wanted to swing up as high as . . .

Rito no quería mecerse muy alto. Mecerse alto lo asustaba, pero a Sapi no. A Sapi le encantaba mecerse tan alto como pudiera. Quería mecerse tan alto como . . .

. . . an airplane.

. . . un avión.

Frank was just thinking how fun it would be to fly in an airplane, when something red whooshed past them. The red thing twirled in the air on a gust of wind, then dove out of the sky and disappeared behind some very . . .

Sapi estaba pensando en cuán divertido sería volar en una avioneta, cuando, ¡zas!, algo rojo voló rasante sobre ellos y giró en el aire en una ráfaga de viento. Luego cayó del cielo y desapareció entre la . . .

. . . tall grass.

. . . hierba alta.

7

Frank and Mikey hurried to the grass to find the red thing. Mikey was afraid it might be something scary, but not Frank. Since it seemed to come from up in **space**, Frank was hoping the red thing was an alien from . . .

*Sapi y Rito corrieron a la hierba para buscar la cosa roja. Rito temía que fuera algo terrible, pero Sapi no. Como parecía venir del **espacio**, Sapi tenía la esperanza de que fuera un extraterrestre del . . .*

. . . **space.**

. . . *espacio.*

Frank parted the grass and saw two square eyes, a rectangular nose, and a smiling mouth, but they did not belong to an alien from space. The two square eyes, the rectangular nose, and the smiling mouth were painted on . . .

Sapi apartó la hierba y vio dos ojos cuadrados, una nariz rectangular y una boca sonriente, pero no era la cara de un extraterrestre del espacio. Los dos ojos cuadrados, la nariz rectangular y la boca sonriente estaban pintadas en . . .

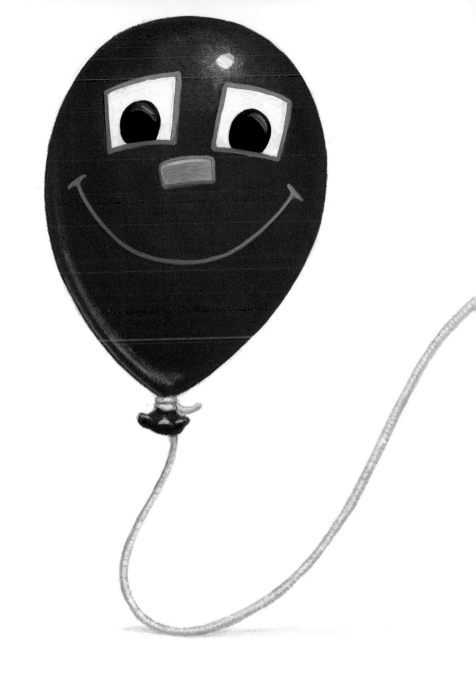

. . . a balloon.

. . . un globo.

The balloon had a long string tied to it. The string was tangled around a yellow dandelion. The tangled string was holding the balloon down. Frank untangled the string and the balloon floated . . .

Del globo colgaba un largo hilo. El hilo se enredó en un diente de león amarillo. El hilo enredado no dejaba que el globo se fuera. Sapi lo desenredó, ¡y el globo se elevó hacia . . .

. . . up!

. . . arriba!

13

Frank was so busy watching the balloon float up that he forgot that he was holding its string. Now he was floating up too!

"Let go!" cried Mikey. He was feeling very worried for Frank. He wanted Frank to let go of the balloon's long, dangling . . .

Sapi estaba tan distraído mirando cómo el globo se elevaba, que olvidó que él estaba sujetando el hilo. ¡Ahora él también se estaba elevando!
—¡Suéltalo! —gritó Rito. Estaba muy preocupado por Sapi. Quería que Sapi soltara el largo . . .

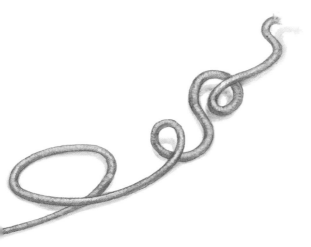

. . . string.

. . . hilo.

Frank wanted to let go, but when he looked down, he could see the ground getting further and further away. So, Frank politely asked the balloon to go down. It did not go down. Instead, it floated even higher into . . .

Sapi quería soltarlo, pero cuando miró hacia abajo pudo ver que el suelo se alejaba cada vez más y más. Así que Sapi le pidió amablemente al globo que bajara. Pero no bajó. Lo que hizo fue elevarse cada vez más alto en . . .

. . . the sky.

. . . el cielo.

From high in the sky, Frank could see wonderful things below him. He could see the pond where he lived. He could see the tops of trees. He could even see Mikey, who was his very best . . .

Desde lo alto del cielo, Sapi podía ver cosas maravillosas abajo. Podía ver el estanque donde vivía. Podía ver la copa de los árboles. Podía incluso ver a Rito, su mejor . . .

. . . friend.

. . . amigo.

19

"Come back, Frank!" shouted Mikey.
Frank, however, did not want to go back.
He wanted to be the first frog to travel around
the whole wide world. He wanted to be the
first frog . . .

—¡Regresa, Sapi! —gritó Rito.
Sapi, sin embargo, no quería regresar. Quería ser el
primer sapo en viajar alrededor del mundo. Quería
ser el primer sapo en . . .

. . . to fly.

. . . volar.

Mikey didn't want his best friend to fly. In fact, he didn't want him to stay up in the sky a single minute longer.

"Frogs should not be so high up!" Mikey scolded. "Frogs should be down here. You should . . .

Rito no quería que su mejor amigo volara. De hecho, no quería que estuviera en el cielo ni un minuto más.

—¡Los sapos no deben llegar tan alto! —lo regañó Rito—. Los sapos deben estar aquí abajo. Así que . . .

. . . come down!"

. . . ¡baja ya!

 "Don't worry, Mikey! I like being up here!"
said Frank.
Then all of a sudden . . . WHOOSH! The balloon
and Frank were carried up even higher by a
blustery gust . . .

—¡No te preocupes, Rito! ¡Me gusta estar aquí
arriba! —dijo Sapi.
Entonces, de repente . . . ¡UUUCH! Algo elevó al
globo y a Sapi mucho más alto. Era una ráfaga . . .

. . . of wind.

. . . de viento.

"Whee!" cried Frank.
"Oh, no!" wailed Mikey.
"Moo!" called out another voice from below.
Frank looked down and saw that he was floating
right over Betty, . . .

—¡Sííí! —gritó Sapi.
—¡Ay, no! —se lamentó Rito.
—¡Muuu! —mugió una voz desde abajo.
Sapi miró hacia abajo y vio que estaba volando
justo encima de Beti, . . .

. . . the cow.

. . . la vaca.

Betty the cow was very surprised when Mikey jumped on her back.

"Follow that balloon!" roared Mikey.

Betty the cow **ran** after the balloon. **She** did not run slowly.

Beti la vaca se sorprendió cuando Rito saltó sobre su lomo.

—¡Sigue a ese globo! —rugió Rito.

*Beti la vaca corrió tras el globo. **Ella** no **corrió** despacio.*

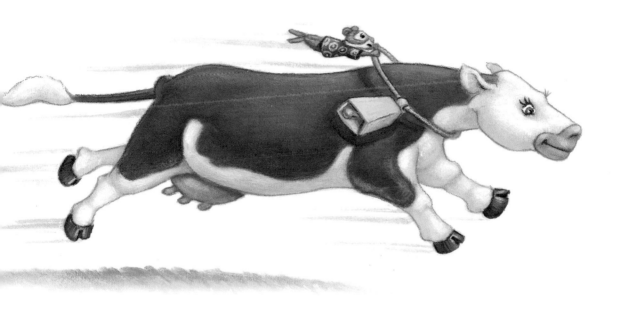

She ran fast!

¡Ella corrió rápido!

Meanwhile, Frank said hello to a passing bird. He winked at a buzzing bumblebee. He waved at a beautiful . . .

Mientras tanto, Sapi le dijo hola a un pajarito que pasaba. Le guiñó un ojo a un abejorro que zumbaba. Y saludó a una hermosa . . .

... butterfly.

... mariposa.

Then, Frank saw that he was floating further and further away from his **home**.
Suddenly, he no longer wanted to be the first frog to go around the whole wide world. He wanted only one thing. Frank wanted to go . . .

*Luego, Sapi vio que se alejaba cada vez más de su **casa**.*
De pronto, ya no quiso ser el primer sapo en ir alrededor del mundo. Solo quería una cosa.
Quería regresar a . . .

. . . home.

. . . *casa.*

33

Frank climbed up to the top of the balloon and pushed and pushed. He wanted the balloon to go down. As Frank pushed, he heard the saddest cry. "Meow . . . Meow . . ." Frank looked down and saw something little and furry stuck in a tree. It was . . .

Sapi se sentó encima del globo y empujó y empujó. Quería que el globo bajara. Mientras empujaba, escuchó el llanto más triste de su vida. "Miau . . . Miau . . ." Sapi miró hacia abajo y vio algo pequeño y peludo atascado en un árbol. Era . . .

. . . a kitten.

. . . un gatito.

The kitten had climbed up the tree and could not get down. Then Frank forgot all about himself. Now, all he could think about was helping the kitten. Frank climbed down the string and stretched out . . .

El gatito se había trepado en el árbol y no podía bajar. Entonces Sapi se olvidó de sí mismo. Ahora solo pensaba en ayudar al gatito. Sapi bajó por el hilo y extendió . . .

. . . his arms.

. . . sus brazos.

The kitten jumped into Frank's outstretched arms and, together, their weight made the balloon go down. They landed softly in the grass next to Betty, Mikey, and a very happy little . . .

El gatito saltó a los brazos extendidos de Sapi y el peso de los dos hizo que el globo bajara. Ellos aterrizaron suavemente en la hierba cerca de Beti, Rito y una feliz . . .

. . . girl.

. . . niña.

The girl thanked Frank for saving her kitten and for finding her lost balloon, and then ran happily back to her home.
Betty gave her new friends, Frank and Mikey, a ride back to their home. Mikey was pleased. He had his best friend back. Frank and Mikey were very . . .

La niña le dio las gracias a Sapi por salvar a su gatito y por encontrar su globo perdido. Luego regresó corriendo alegremente a su casa.
Beti les dio un aventón a sus casas a sus nuevos amigos, Sapi y Rito. Rito estaba contento. Su amigo había regresado. Sapi y Rito estaban muy . . .

. . . happy.

. . . contentos.

If you liked ***Frank and the Balloon***, here is another
We Both Read® book you are sure to enjoy!

*Si te gustó leer **Sapi y el globo**, ¡seguramente disfrutarás de leer
este otro libro de la serie We Both Read®!*

Learn interesting information about the world's
most popular pet, including some of the special
ways dogs help and serve us.

*Aprende información interesante sobre la
mascota más popular del mundo, incluso las
formas especiales en que los perros nos ayudan
y nos sirven.*

To see all the We Both Read® books that are available,
just go online to **www.TreasureBayBooks.com**

Para ver todos los libros disponibles de la serie We Both Read®,
*visita nuestra página web: **www.TreasureBayBooks.com***